PUBLICATION DE LA RÉUNION DES OFFICIERS

HISTORIQUE

DU

70^E^ RÉGIMENT D'INFANTERIE

DE LIGNE

PARIS

IMPRIMERIE DE A. DUTEMPLE

RUE DES CANETTES, 7

1875

HISTORIQUE

DU

70E RÉGIMENT D'INFANTERIE

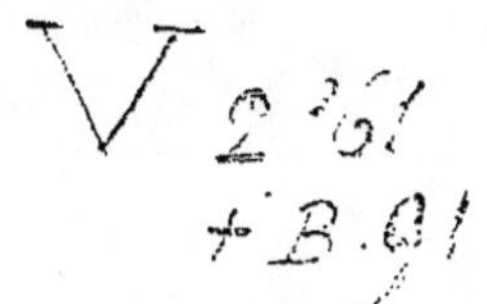

PUBLICATION DE LA RÉUNION DES OFFICIERS

HISTORIQUE

DU

70e RÉGIMENT D'INFANTERIE

DE LIGNE

PARIS

IMPRIMERIE DE A. DUTEMPLE

RUE DES CANETTES, 7

1875

PUBLICATION DE LA RÉUNION DES OFFICIERS

HISTORIQUE

DU

70e RÉGIMENT D'INFANTERIE

DE LIGNE

PARIS

IMPRIMERIE DE A. DUTEMPLE

RUE DES CANETTES, 7

1875

HISTORIQUE

DU

70e RÉGIMENT D'INFANTERIE DE LIGNE

NOTICE SUR L'ORIGINE DU RÉGIMENT

RÉGIMENT DE MÉDOC (1674-1691)

Une ordonnance du 1er janvier 1791 ayant supprimé les noms des régiments pour leur substituer des numéros, le régiment de Médoc devint le 70e de ligne.

Ce régiment s'était acquis une belle réputation comme on peut en juger par la notice suivante :

19 février 1674. Marquis de Navailles, 1er colonel. — Le régiment de Médoc, formé à cette date par le marquis de Navailles, fait, la même année, ses premières armes en Roussillon sous le maréchal duc de Navailles. Il passe de là en Espagne, et se distingue à la bataille d'Espouilles.

1679. Chevalier d'Hamilton, 2e colonel. — Le régiment passe en Allemagne sous le maréchal de Créqui, et se signale à la prise de Luxembourg (1684).

1685. Marquis de Jarzé, 3e colonel. — Le régiment de Médoc se distingue à la prise de Philipsbourg et à celle de Mayence (1688). Passé ensuite à l'armée d'Italie sous Catinat, il assiste à la prise de Suze (1690).

1691. De Montendre, 4e colonel. — Sous Catinat, le régiment contribua encore à la prise des places de Carmagnola et de Montmélian (1691); puis il combattit à Marsaglia (la Marsaille), brillante victoire de Catinat sur le fameux prince Eugène et sur le duc de Savoie. — Appelé à la défense des côtes de Provence, le Médoc fut embarqué sur les vaisseaux de l'amiral de Tourville, qui s'empara de Palamos en Catalogne; le régiment resta dans cette place jusqu'à la prise de Barcelone par Vendôme (1697). — En 1701 il retourna en Italie et combattit à Carpi, où Catinat fut battu par Eugène.

1702. Comte de Chamillard, 5e colonel. — Médoc-Infanterie se signale à la bataille de Luzzara, où Vendôme arrêta la marche victorieuse du prince Eugène; il combattit avec succès à Castelnuovo et à Montecuto.

1705. Marquis de Villenes, 6e colonel. — Le Royal-Médoc, rentré en France en 1707, prit part à la fameuse défense de Toulon, où s'épuisèrent en vains efforts le prince Eugène et le duc de Savoie, qui avaient envahi la Provence.—En 1713, Médoc était en Allemagne et défendait la ligne de la Lauter; puis il demeura en Languedoc pendant les années de paix qui suivirent.

1729. Duc d'Uzès, 7e colonel. — Campagne en Italie et siége de Pizzighettone (1733). Garnison à Montpellier (1737).

1739. Comte de Lannion, 8e colonel. — En 1742, le régiment de Médoc était à l'armée de Bavière et marcha sur Prague, Altenbuck et Stall-Arnhoff.

1745. Marquis de Bréhant, 9e colonel.

1749. Marquis de Mesmes, 10e colonel.

1762. Marquis de Chassincourt de Tilly, 11e colonel.

1773. Marquis de Mauray, 12e colonel.

1780. Comte d'Avaux, 13e colonel.

1788. Marquis de Roquefeuille, 14e colonel. — Arrivée au corps du major Serrurier (17 mai 1789), plus tard lieutenant-colonel, puis colonel du régiment, et enfin maréchal de France en 1804.

1791. Meunier, 15e colonel. — Meunier avait été d'abord major, puis lieutenant-colonel du régiment de Médoc.

70e RÉGIMENT D'INFANTERIE DE LIGNE

(1791-1793)

En 1791, le régiment de Médoc, devenu 70e de ligne, était en garnison à Béziers.

1792. Serrurier, 16e colonel. — Le 70e est scindé : le 1er bataillon, sous la conduite du colonel, passe à l'armée des Alpes et se distingue au combat de Sospello (28 février 1793). Le colonel Serrurier, depuis maréchal de France, y mérita une mention spéciale. Le 1er bataillon prit part la même année au siége de Toulon, repris sur les Anglais. — Il fut versé le 22 octobre 1793 dans la 129e demi-brigade, qui continua à faire partie de l'armée d'Italie, et fut ensuite l'une des souches de la brave 32e, si aimée du général Buonaparte.

Pendant ce temps, le 2e bataillon, laissé d'abord à Perpignan, prenait part aux campagnes de 1792 et 1793 dans les armées dites des Pyrénées et des Pyrénées-Orientales.

Dans la campagne de 1793, l'armée des Pyrénées-Orientales, après avoir perdu la place de Bellegarde, fut obligée de rétrograder devant les forces supérieures de l'Espagnol Ricardos jusque sous le canon de Perpignan.

Le 26 juin, l'armée était en position près de Collioure pour protéger cette ville ; un corps de 2,000 Espagnols, sous les ordres de don Joachim Oquendo, chercha à surprendre le poste retranché de Puing-Oriol qui domine Collioure. Le capitaine Serres du 70e occupait cette position avec 120 grenadiers et deux pièces de canon. La garde avancée, surprise par la brusque attaque des Espagnols, fut d'abord refoulée dans les retranchements, où l'ennemi pénétra avec elle. Mais le capitaine Serres avait eu le temps de réunir sa petite troupe ; il repousse les assaillants et organise la défense. Ses soldats, électrisés par son exemple et ses exhortations énergiques, soutiennent plusieurs assauts, brûlent jusqu'à leur dernière cartouche et voient enfin les Espagnols, frappés de terreur, se retirer en désordre, laissant sur place 600 morts et un grand nombre de blessés.

Le 17 septembre 1793, le 2e bataillon se distinguait encore à la bataille de Truillas.

Le 5 juillet 1795, ce bataillon entrait dans la composition de la 130e demi-brigade, qui passa à l'armée d'Italie.

70e DEMI-BRIGADE DE BATAILLE
(1793-1803)

La loi du 21 février 1793 avait fixé la réorganisation de l'infanterie par demi-brigades. On a vu qu'en exécution de cette loi le 1er bataillon du 70e d'infanterie (ex-Médoc) était passé, le 22 octobre 1793, dans la 129e demi-brigade, qui devint plus tard la 32e, et que le 2e bataillon était passé à la 130e (5 juillet 1795).

A cette époque la constitution de l'infanterie subit de fréquentes transformations. Le nombre des brigades, qui avait d'abord été de 196, fut porté successivement jusqu'à 230, puis réduit à 100 pour être reporté à 110; les numéros furent tirés au sort. Au milieu de ces variations, il est difficile de suivre les traces de la 70e demi-brigade.

En 1793 la 70e demi-brigade de bataille (première formation) se trouvait à l'armée des Alpes ; elle reçut (an II) le 2e bataillon de l'ex-35e régiment de ligne (ex-Royal-Aquitaine) et fit partie de l'armée d'Italie jusqu'en l'an IV (1796). Elle combattit à Montenotte (avril 1796) et y prit un drapeau ennemi, comme en témoigne le rapport du général Laharpe au général Bonaparte ; le capitaine des grenadiers du 2e bataillon y fit 100 prisonniers. Elle combattit encore à Fombio (mai 1796).

La 70e demi-brigade (deuxième du nom) fut formée le 1er nivôse an V (21 décembre 1796) des corps suivants :

Ancienne 50e demi-brigade de bataille.

Ancienne 134e demi-brigade de bataille.

Ancienne 157e demi-brigade de bataille.

1er bataillon du 72e régiment (ex-Vexin).

1er bataillon du 73e régiment (Royal-Comtois).

Dépôt du 2e bataillon du même corps.

1er bataillon du 74e régiment (ex-Beaujolais).

4e bataillon de l'Hérault.

5e bataillon de la Dordogne.

5e bataillon de Lot-et-Garonne.

4e bataillon du Calvados.

3e bataillon de la Charente.

Dépôt du 12e bataillon des volontaires de la République.

L'ancienne 50e demi-brigade de bataille fut le noyau de cette nouvelle formation ; elle venait de l'armée du Nord, où elle avait fait les campagnes de 1793 et 1794.

La nouvelle 70e demi-brigade fit partie des armées de l'Ouest et d'Angleterre de l'an 1796 à l'an 1799. Puis elle passa à l'armée d'Italie et se signala d'abord au passage du Tessin (2 juin 1800), qu'elle força entre Turbigo et Buffalora, ensuite à la bataille de Marengo (14 juin 1800). Elle fit ensuite partie de l'armée cisalpine, et se trouva à Mantoue (1802), puis à Arti.

70e RÉGIMENT D'INFANTERIE DE LIGNE

(1803-1815).

En exécution de l'arrêté consulaire du 21 septembre 1803, la 70e demi-brigade (2e formation) prit la dénomination de 70e régiment d'infanterie de ligne.

Le 70e servit au camp de Brest pendant les ans XII et XIII ; il occupa ensuite Belle-Isle. Il fut embarqué pendant l'an XIV.

En 1806 on le retrouve d'abord à l'armée du Nord, puis sur la flottille, et enfin à l'armée des côtes de Brest. En 1807 il quitta Pontivy pour se rendre au corps d'observation de la Gironde. — Le 18 octobre 1807, il entrait en Espagne et faisait sous Junot la campagne de Portugal.

Pendant les années 1808 et 1809 le 70e fit partie du 2e corps de l'armée d'Espagne, et de l'armée de Portugal pendant l'année 1812. Durant ces laborieuses campagnes il prit part aux faits de guerre suivants :

1809. La Corogne et Oporto.

1810 (mars-avril). — Expédition des Asturies sous Junot.

1810 (10 avril). — Prise d'Astorga (Junot).

(10 juillet). — Prise de Ciudad-Rodrigo (Ney).

(28 août). — Siége d'Almeida (Masséna).

(9-10 octobre). — Reconnaissance des lignes d Torres-Vedras (Masséna contre Wellington)

(12 décembre). — Retraite de Sautarem (Masséna).

1811 (4 mars). — Retraite sur Coïmbre.

(9 mars). — Combat de Pombal.

(12 mars). — Combat de Redinha.

(15 mars). — Combat de Foz-d'Aruncez.

(3 avril). — Combat de Sabugal.

(5 mai). — Bataille de Fuentes-de-Onoro (Wellington sur Masséna).

1811 (mai-octobre). — Évacuation d'Almeida et marche sur la Guadiana.

1812 (20 janvier). — Défense de Cindad-Rodrigo.

(12 mai). — Défense du pont d'Almaraz.

(24 juillet). — Bataille de Salamanque ou des Arapiles (où Marmont fut battu par Wellington).

En 1813, le 70e quitta l'armée de Portugal pour passer en Bavière au 6e corps de la Grande armée. On le retrouve à Weissenfels (30 avril), d'où Ney chassa, après un violent combat, l'avant-garde de l'armée alliée, commandée par Wittgenstein. Il combattit ensuite à Poserna et dans les grandes journées de Lutzen (2 mai) et de Dresde (26 et 27 août 1813), ainsi qu'à Bischofs-Werda.

Pendant les années 1814 et 1815, le 70e fut fractionné et combattit à l'intérieur et à l'armée des Pyrénées. Il était à Fleurus (1815).

Après le licenciement de l'armée de la Loire (1815), il devint la légion du Morbihan, qui entra dans la composition du 26e de ligne lors de la réorganisation générale de l'armée en 1820.

70e RÉGIMENT D'INFANTERIE DE LIGNE

(1840-1875).

Le 70e régiment d'infanterie de ligne, créé à nouveau par ordonnance royale du 29 septembre 1840, fut reformé à Verdun (Meuse), le 4 décembre suivant, par le maréchal de camp baron Hartry, avec des contingents provenant des 6e, 9e, 16e, 29e, 34e et 54e de ligne.

A partir de ce jour, l'histoire non interrompue du régiment peut se diviser en périodes ainsi qu'il suit :

1° Période de paix (4 décembre 1840-8 mai 1854) ;

2° Campagne d'Afrique (8 mai 1854-16 avril 1859);

3° Campagne d'Italie (16 avril-15 août 1859) ;

4° Période de paix (15 août 1859-18 juillet 1870) ;

5° Guerre contre l'Allemagne jusqu'à la capitulation de Metz (18 juillet-28 octobre 1870);

6° Formation du 70e de marche, opération contre les Allemands et contre la Commune de Paris (2 septembre 1871);

7° Fusion du 70e de ligne avec le 70e de marche et période de paix (12 septembre 1871-1er avril 1875).

PÉRIODE DE PAIX

(4 décembre 1840—8 mai 1854.)

M. Martin de Bourgon, 1er colonel.

1840 (4 décembre). — M. de Bourgon, qui avait été nommé colonel le 11 octobre précédent, eut l'honneur de former le 70e de ligne et lui inculqua dès l'origine les principes du meilleur esprit et de la plus forte discipline, qualités qui depuis ont toujours distingué ce corps.

Le régiment, formé à Verdun, occupa cette garnison, avec un bataillon détaché à Montmédy, du 4 décembre 1840 au 3 mai 1842. Dans cet intervalle de temps les faits suivants méritent d'être cités sous la forme d'une simple nomenclature :

1841 (22 avril). — M. Quantin, chef de bataillon au 3e de ligne, est nommé lieutenant-colonel au 70e, en remplacement de M. d'Augustin, qui passe au 15e léger.

(17 août-15 octobre). — Le régiment fait partie du camp de Compiègne, sous le duc de Nemours; il appartient à la brigade de Lostende et à la division Galbois. Le 26 septembre, les corps de nouvelle formation reçoivent leurs drapeaux des mains du roi Louis-Philippe.

(16 octobre). — Deux compagnies, sous les ordres du capitaine Scamps, portent secours dans un incendie aux Islettes. Le lieutenant Léchelle et le caporal Carrey s'y

exposent à de sérieux dangers et sont récompensés de leur dévouement par une médaille d'honneur en argent (7 janvier 1842).

1842 (16 mars). — Nomination au grade de capitaine de M. d'Argy (plus tard colonel du 65e de ligne, et ensuite de la légion pontificale dite d'Antibes).

(3 mai). — Départ du régiment pour la garnison de Besançon, avec détachements à Lons-le-Saulnier, Salins et le fort de Joux.

(3 mai-30 août). — 4 compagnies d'élite font partie du corps d'opération de la Marne, où le colonel de Bourgon eut le commandement du régiment d'élite provisoire.

1843 (10 octobre). — Départ du régiment pour la garnison de Paris (caserne de Reuilly), avec détachement à Vincennes.

1845 (18 octobre). — Départ du régiment pour la garnison d'Amiens, avec détachements à Ham, Hesdin, Péronne, Doullens, Montreuil, Abbeville, et plus tard Bapaume (14 juillet 1847).

1846 (8 novembre). — M. de Givry, chef de bataillon au 20e léger, est nommé lieutenant-colonel au 70e, en remplacement de M. Quantin, retraité.

1848 (23 février). — Départ du 3e bataillon pour Paris par les voies ferrées et sous les ordres du colonel et du lieutenant-colonel. Le général Leroy de Saint-Arnaud le dirige aussitôt sur le Carrousel, lui fait parcourir la rue de Rivoli, la rue Richelieu et les boulevards jusqu'à la Madeleine, pour y renverser plusieurs barricades. Puis il le conduit sur le quai des Orfèvres et enfin l'introduit dans la préfecture de police. Bien des troupes concentrées sur ce point se dispersèrent ou même se laissèrent désarmer par la populace après la nouvelle du départ du roi. Le capitaine Suderic sut garder dans sa main cinq compagnies intactes, et il se retira en bon ordre par les Tuileries et l'arc de l'Etoile sur Saint-Denis, où le bataillon put se reformer dès le lendemain et reprendre la route d'Amiens.

(27 mars). — Départ du régiment pour la garnison de Thionville, avec détachement à Longwy et plus tard à Metz (26 juin) et à Montmédy (31 août).

(2-4 juillet). — Le bataillon de Metz, commandant Hamel, appelé à Paris pour prêter main-forte, cantonne pendant deux jours sur la place de Notre-Dame.

M. COCU dit JOLIVET, 2e colonel.

1848 (15 juillet). — Nommé en remplacement de M. Martin de Bourgon, promu le 10 juillet précédent au grade de général de brigade, ce colonel ne parut jamais au régiment.

Baron DE CHARGÈRE, 3e colonel.

1848 (31 août). — M. de Chargère est nommé colonel du 70e, en remplacement de M. Cocu dit Jolivet.

(27 octobre). — La compagnie de grenadiers, capitaine Merlieux, est envoyée à Sierck pour y rétablir l'ordre; le sergent Champenois se signale par son dévouement dans un incendie.

1850 (21 octobre).—Départ du régiment pour la garnison de Lyon, avec détachements à Saint-Etienne et dépôt à Lons-le-Saulnier; plus tard de nouveaux détachements sont envoyés à Rive-de-Gier (4 juillet 1851), et à Pierre-Châtel (21 octobre 1852).

(5 décembre). — M. Javel, major du 23e et ancien adjudant-major au 70e, est nommé lieutenant-colonel du 70e, en remplacement de M. de Givry.

1851 (15 avril). — Dévouement du sergent-fourrier Gambini et du voltigeur Grandvillier qui se précipitent dans le Rhône, en face de la caserne de Perrache, et parviennent à arracher à la mort cinq personnes sur six qui venaient de tomber dans le fleuve; en cherchant à sauver la sixième, Grandvillier allait périr lui-même, quand Gambini vint à son secours et parvint à le sauver également.

(7 décembre). — Organisation de l'armée de Lyon, sous le commandement du général de Castellane; le 70e fait partie de la brigade Mellinet.

1852 (10 mai). — Distribution solennelle à Paris, au champ de Mars et par le président de la République, de nouveaux drapeaux surmontés d'un aigle. Le colonel, à la tête d'une députation, va recevoir le drapeau du 70e, sur lequel sont écrits en lettres d'or les noms suivants :

Montenotte (1796) — Marengo (1800).
La Corogne (1809) — Oporto (1809) — Fleurus (1815).

(13 septembre). — Réorganisation des régiments à trois bataillons de huit compagnies.

M. Dufour, 4e colonel.

1853 (2 mars). — M. Dufour (Joseph-Louis-Emilien), lieutenant-colonel au 8e de ligne, est nommé colonel du 70e, en remplacement de M. de Chargère, mort subitement, le 21 février, à Paris, où il était en congé.

(9 avril). — Départ du régiment pour la garnison de Marseille, avec détachement momentané à la Ciotat.

1854 (1er mai). — Une dépêche ministérielle prescrit l'envoi du régiment en Afrique ; il est procédé à l'organisation de trois bataillons de guerre à six compagnies.

CAMPAGNE D'AFRIQUE

(8 mai 1854 — 16 avril 1859.)

1854 (8 mai). Le 70e a été transporté de Marseille à Stora et Philippeville par les vapeurs le *Léodinas*, le *Tancrède* et la *Méditerranée.* De Philippeville il fut dirigé sur le territoire de la subdivision de Bône, qu'il devait occuper pendant toute la durée de son séjour en Algérie, c'est-à-dire pendant cinq ans.

Bône resta tout ce temps le quartier général du régiment, dont les détachements occupèrent Guelma, la Calle, Souck-Arras et d'autres points moins importants, comme Penthièvre, Nechmeya, Gelaa-bou-Sba, l'Oued-Touta, Medjez-Ahmar, Hammam-Meskoutine, Bou-Adjar.

Pendant son séjour en Afrique, le 70e a pris part à huit expéditions, dont cinq colonnes mobiles de l'est et trois expéditions plus importantes en dehors du territoire de Bône, mais dans l'étendue de la province de Constantine.

Chaque année une colonne mobile, dite de l'Est, sous les ordres du commandant supérieur de Bône (en 1854 le colonel de Tourville, et les quatre années suivantes le général Périgot), parcourant le territoire de la subdivision et plus particulièrement la frontière tunisienne, dans les cercles de la Calle et de Souck-Arras, pour intimider ou châtier des tribus rebelles, telles que les Ouled-Kroumirs, les Ouled-Ali, les Beni-Salah, les Ouled-Dhia et les Ouled-Moumen. Le régiment fournissait ordinairement pour ces expéditions deux bataillons de marche, auxquels étaient adjointes d'autres troupes. Deux de ces expéditions, celle d'octobre 1856 et celle d'octobre 1857, méritent d'être mentionnées.

Dans les expéditions plus importantes, comme celles de la petite et de la grande Kabylie, le 70e fournit un seul bataillon de marche, dans la composition duquel on faisait entrer plusieurs compagnies d'élite.

1856 (juin). **Expédition des Babors (petite Kabylie).** — Le bataillon du 70e, commandant Vallet, faisait partie de la brigade Desmarets dans les troupes de la division Maissiat, qui avaient pour mission de soumettre les tribus des Babors et notamment les Amoucha, les Ouled-Salah, les Beni-Dracen et les Beni-Mraï. Dans les combats du 2 juin, sur les rives de l'Oued-Berd, et du 16 juin, au pied du Grand-Babor, le 70e soutint la retraite avec tant de calme que, tout en infligeant des pertes sérieuses à l'ennemi, il n'eut que neuf blessés, parmi lesquels le lieutenant Lods, le caporal Carrère, mort le lendemain, et le voltigeur Schillinger, amputé d'un bras.

Le sergent de voltigeurs Laurent se distingua d'une façon particulière à l'affaire du 16; se distinguèrent également les capitaines Hugues et Dubois, l'adjudant Petitgand et le voltigeur Goidadin.

(Octobre). **Colonne mobile de l'est.** — Le 70e, sous les ordres du général Périgot, prit part aux combats du 15 et du 16 octobre, à Sidi-el-Amessy et au Djebel-Frina, contre les Ouled-Moumen.

1857 (juin). **Soumission de la grande Kabylie.** — Le bataillon du 70e, commandant Vallet, fait encore partie de la brigade Desmarets et de la division Maissiat. Tandis que le gros de l'armée, sous les généraux Renaud, de Mac-Mahon et de Fénélon, et sous la direction supérieure du général Randon, bloquent au sud et à l'est le bassin supérieur du Sebaou, dernier rempart de la grande Kabylie, la division Maissiat guette l'occasion favorable de gravir à l'ouest la chaîne formidable du Djurjura; la journée d'Ichriden, où Mac-Mahon attira sur lui les efforts de l'ennemi, fournit cette occasion; la division franchit la vallée du Sahel à Akbou et tenta l'ascension du col de Chellatah (27 juin), position formidable, dominée par le pic de Tizi-Berg. Le commandant Vallet, dont la réputation est faite dans la division, est placé avec son bataillon en tête de colonne; par une brusque attaque il enlève une position que les Kabyles n'ont pas suffisamment gardée et prépare ainsi le succès de l'opération. Le capitaine Delaître se distingua dans cette affaire à la tête de ses grenadiers. Le 29 juin, la division, après avoir pris et détruit le village de Mzien, regagnait péniblement le camp de Chellatah, quand le 70e fut chargé de soutenir la retraite; le commandant Vallet eut un cheval blessé sous lui; neuf sous-officiers ou soldats furent blessés dans cette affaire. Le lendemain, 30 juin, le 70e fut mis en tête de colonne et chargé d'enlever le village fortifié et barricadé d'Ait-Azis, occupé par de nombreux contingents kabyles, parmi lesquels on comptait les Beni-Hidjer, les Mellikeuch et les Illiten. La position n'était abordable que par l'arête dorsale d'une croupe très-allongée au bout de laquelle était construit le village; mais aussi c'était là que se croisaient les feux de l'ennemi.

Cette audacieuse entreprise réussit, non sans des pertes sérieuses, grâce à l'impétuosité de l'attaque et surtout au courage entreprenant du capitaine Maréchal.

Après la destruction du village, le commandant Vallet fut encore chargé de soutenir la retraite qui fut chaude. A la rentrée au camp de Chellatah, le 70e avait perdu plus de cinquante hommes. Les sous-lieutenants du Parc et Achard se distinguèrent dans l'attaque, le capitaine Jogand et le lieutenant Delahaye dans la retraite. Parmi les blessés on comptait le lieutenant Delahaye, le sous-lieutenant Achard, le sergent Labourié, les fourriers Dautriche (deux blessures) et Ungerbyhler, les caporaux Baret et Gauvin, et les grenadiers Nopp (trois blessures) et Fergus (quatre blessures).

(Octobre 1857). **Colonne mobile de l'est.** — Le 18 octobre, la colonne, sous le général Périgot, était campée à l'Oued-Zergua, sur la frontière de Tunis. Le lieutenant-colonel du 70e, M. Proust, oubliant les dangers de la promenade en pareille circonstance, gravit le sommet boisé du Djebel-Araba, d'où il espérait apercevoir le Keff, ville tunisienne. Son ordonnance, le voltigeur Grossin, était resté plus bas à la garde des chevaux; après deux heures d'attente, il se mit à la recherche de son chef; tout à coup s'offrit à sa vue le corps encore chaud et entièrement dépouillé du lieutenant-colonel; n'écoutant que son dévouement et sans souci des maraudeurs ennemis, il chargea le corps sur ses épaules et le transporta aussi loin que ses forces le lui permirent, puis il courut au camp annoncer la fatale nouvelle.

1859 (1er janvier). **Catastrophe de l'Oued-el-Aria,** dite au régiment **Colonne de la neige. —** Le bataillon de marche du 70e, commandant de Philip, quitta précipitamment, le 27 décembre 1858, le camp d'Henchir-el-Mechroua, près de Souck-Arras, pour se rendre dans l'Aurès, où il devait prendre part à l'expédition dirigée par le général Desvaux contre le scheïck Si-Saddock. Le temps se mit à la pluie dès ce jour et la marche fut pénible. Le 29 on campa sous Guelma; mais la nuit procura peu de repos à cause des opérations multipliées d'équipement et de ravitaillement et par suite de l'état du temps. La Seybouse fut franchie difficilement, et l'on campa sur un sol boueux et inondé. Le 31 on pénétra dans la zone des neiges, dans les montagnes qu'il fallait traverser pour atteindre Constantine.

Le 1er janvier 1859, le bataillon se mit en route, épuisé par les épreuves déjà subies; depuis six jours les soldats n'avaient pas eu un instant de sommeil, ils n'avaient pu faire sécher leurs vêtements; depuis Guelma il avait été impossible d'allumer du feu; on n'avait donc pris ni soupe ni café; les vivres étaient détoriorées ou épuisées; point de moyens de transport pour soulager les hommes fatigués, pas de guide pour se reconnaître dans des montagnes abruptes, désertes et couvertes de neige. Vers onze heures cependant, une courte apparition du soleil permet de faire un café bien léger. Mais soudain le vent s'élève et la neige tombe en épais flocons; au milieu du brouillard, le bataillon n'a plus d'autre ressource que de suivre la ligne télégraphique. Onze ruisseaux sont successivement traversés avec de l'eau jusqu'à mi-corps; après la sortie de l'eau, la marche amène d'abord une chaleur brûlante, mais bientôt cette réaction salutaire et nécessaire ne se produit plus dans des corps épuisés. A la nuit tombante on arrive sur les bords de l'Oued-el-Aria; partout ce cours d'eau est encaissé; ses eaux boueuses sont devenues rapides et l'on y enfonce jusqu'aux épaules. Il faut cependant passer pour atteindre une ferme qui est au delà; les officiers aident leurs soldats, puis dans l'obscurité et à travers un marécage chacun se hâte vers la ferme, seul refuge possible. Le lendemain, vingt-sept hommes étaient morts enterrés dans la neige, quatre-vingts hommes étaient enfouis dans le fumier pour combattre les effets de la congélation dont les atteintes n'avaient pas épargné deux cents autres. C'est dans cette situation qu'arrivèrent les secours de Constantine. Le 4 janvier, le bataillon entrait dans cette ville au milieu d'une population émue, les hommes non valides transportés par la cavalerie et enveloppés dans des couvertures. Durant cette dure épreuve les soldats furent admirables de discipline; on n'entendit proférer aucune plainte.

NOMINATIONS

(8 mai 1854. — 16 avril 1859.)

1854 (14 août). — M. Oudinot de Reggio, chef de bataillon au 16e léger, est nommé lieutenant-colonel au 70e, en remplacement de M. Javel, nommé colonel du 10e léger.

1855 (5 mai). — Arrivée de M. Laure, lieutenant-colonel du 54e, qui passe au 70e, par permutation avec M. Oudinot de Reggio.

(19 novembre). — M. Proust, major du 99e, est nommé lieutenant-colonel au 70e, en remplacement de M. Laure, appelé au commandement du 68e.

1857 (8 novembre). — M. Mennessier, chef de bataillon au 1er de ligne, est nommé lieutenant-colonel du 70e, en remplacement de M. Proust, décédé.

1858 (mars).—M. Douay (Gustave-Paul), lieutenant-colonel du 3e voltigeurs de la garde impériale, est nommé colonel du 70e, en remplacement de M. Dufour, retraité.

1859 (14 mars). —M. Vallet, chef de bataillon au 70e, est nommé lieutenant-colonel au 91e.

CAMPAGNE D'ITALIE

(16 avril. — 15 août 1859.)

Le 16 avril 1859, le 70e quitta Bône sur les frégates l'*Ulloa* et le *Sané,* qui le conduisirent à Marseille; dirigé aussitôt sur Lyon, il fut, après un court séjour au camp de Sathonay, rappelé à Marseille, où il reprit la mer pour débarquer à Gênes le 30 avril.

Le régiment comptait 2,400 hommes; il fut placé dans le 2e corps (de Mac-Mahon), 1re division (de La Motte-rouge), 2e brigade (de Polhès).

Le corps de Mac-Mahon marcha d'abord sur Voghera, dans la direction de Montebello; il rétrograda ensuite pour passer le Tanaro à Sale, le Pô à Casale et la Sésia à Borgo-Vercelli. Le 3 juin, ce corps d'armée franchit le Tessin à Turbigo en présence de l'ennemi, qu'il chassa de Robechetto.

(4 juin) **Bataille de Magenta.** — Le régiment quitta le bivac de Robechetto à neuf heures du matin et prit position entre Cuggione et Buffalora. A trois heures, il traversa Buffalora, qui venait d'être enlevé aux Autrichiens, et se forma en colonnes d'attaque à 1,500 mètres de Magenta.

A droite, les deux premiers bataillons franchissent le chemin de fer et la route de Milan, culbutent l'ennemi, et malgré les obstacles et un feu meurtrier pénètrent dans le bourg du côté du cimetière et de l'église, tandis qu'à gauche le 3e bataillon enlève la gare du chemin de fer, où les Autrichiens abandonnent une pièce de canon. Alors commence une lutte corps à corps dans les rues, dans les cours et dans l'intérieur des appartements; les maisons sont enlevées les unes après les autres; un grand nombre d'Autrichiens sont faits prisonniers. Après un combat des plus sanglants qui n'a pas duré moins de quatre heures, toute la droite du bourg de Magenta, le presbytère, l'église, le cimetière et la gare étaient occupés par le régiment.

A Magenta, le 70e a fait plus de 700 prisonniers, dont 23 officiers. Les pertes du régiment s'élèvent à 313 sous-officiers et soldats tués ou blessés; 17 officiers avaient été mis hors de combat. Parmi les tués on comptait le chef de bataillon Bertrand, les capitaines Merlieux et Géry et les sous-lieutenants Roulland et Batteux; parmi les blessés, le lieutenant-colonel Mennessier, mort sept jours après des suites de sa blessure, lorsqu'il venait d'être nommé colonel du 65e de ligne; les capitaines Bergeron, Delaître, Maréchal, Roch et Durand, les lieutenants Antoine, Cayla et de Brye, les sous-lieutenants Girard, Vallat et Lemasson.

Il est à remarquer que dans la journée de Magenta deux régiments seulement atteignirent les pertes du 70e. L'un deux était un régiment des grenadiers de la garde, qui soutinrent longtemps l'effort de l'ennemi à Buffalora; l'autre était le 65e, qui faisait brigade avec le 70e. Cette dernière remarque peut faire juger de l'importance du rôle du 70e dans cette glorieuse journée.

Méritèrent une mention spéciale :

Le commandant d'Ariès, qui enleva son bataillon à la prise de la gare du chemin de fer.

Le capitaine Boulet fit un grand nombre de prisonniers.

Le lieutenant Achard, secondé par le voltigeur Bassou, reçut la soumission de plus de 50 prisonniers, dont un major général.

Le sous-lieutenant Moreau fit mettre bas les armes à plus de 150 Autrichiens, dont plusieurs officiers.

Le sergent-major Coquille, suivi de neuf hommes, a pénétré le premier dans une cour, où il a fait mettre bas les armes à plus de 90 Autrichiens.

Le sergent Beaudou a enlevé, sous le feu de l'ennemi, le capitaine Durand, blessé.

Le sergent Taddeï a enlevé des mains des Autrichiens un blessé, le capitaine Déel, du 52e.

Se signalèrent également les capitaines Guerre et Soule, les lieutenants Carbon et d'Avenas.

(24 juin). **Bataille de Solferino.** — Après l'entrée triomphale de Milan et le combat de Melegnano, le 70e assista à la bataille de Solferino. Il quitta Castiglione dès l'aube et marcha avec l'artillerie de réserve. Vers quatre heures du soir, après la prise de la ferme de San-Cassiano, le 2e bataillon, commandant d'Ariès, fut appelé à renforcer la 1re brigade ; il s'élança sur les hauteurs de Cavriana, conduit par le regretté colonel Douay, qui tomba mortellement frappé d'une balle à la tête. 19 sous-officiers et soldats furent tués ou blessés.

Après le passage du Mincio et une pointe sur Villafranca, le 70e était bivaqué à Sainte-Lucie, près de Vérone, quand l'armistice de Villafranca mit fin à la guerre.

Le 12 août, le 70e franchit le col du Mont-Cenis pour rentrer en France, et le 15 août il assista à l'entrée triomphale dans Paris.

NOMINATIONS.

1859 (juin). M. Gibon est nommé lieutenant-colonel au 70e, en remplacement de M. Mennessier, nommé colonel du 65e.

(30 juin). M. Eudes de Boistertre est nommé colonel du 70e, en remplacement de M. Douay, tué à Solferino.

M. Paturel est nommé lieutenant-colonel au 70e, en remplacement de M. Gibon, passé aux tirailleurs algériens.

RÉCOMPENSES.

Après Magenta : deux croix d'officiers de la Légion d'honneur, sept croix de chevaliers, seize médailles militaires.

Après Solferino : neuf croix, dix-huit médailles.

Après la campagne : une croix d'officier et deux croix de chevalier de l'ordre militaire de Savoie. — Deux chevaliers de l'ordre de Saint-Maurice et Saint-Lazare. — Soixante-quatre médailles de la valeur militaire de Sardaigne.

Pertes pendant la campagne d'Italie.

Officiers : tués, 7 ; blessés, 11. Total : 18.

Troupe : tués et blessés, 332. Total général : 350.

PÉRIODE DE PAIX

(15 août 1859—18 juillet 1870.)

1859. Le 70e est dirigé de Paris sur la garnison de Toulon, où il est rejoint par le dépôt qui avait occupé Salon (Bouches-du-Rhône) pendant la durée des campagnes d'Afrique et d'Italie. — Détachements à Draguignan, Saint-Tropez, île de Porquerolles.

1861 (3 mai). Départ du régiment pour la garnison de Lyon, avec le dépôt à Montélimar, puis au Mans.

1862 (2 mai). Départ pour le camp de Châlons, sous le maréchal Canrobert. Le 70e appartient à la division Périgot et à la brigade Ladrey de La Charrière.

(12 août). M. Caillot, chef de bataillon au 2e voltigeurs de la garde, est nommé lieutenant-colonel au 70e, en remplacement de M. Paturel, qui passe avec son grade aux zouaves de la garde.

(4 septembre). Départ du régiment pour la garnison de Paris, avec détachements à Melun, puis à Troyes, et le dépôt à Saint-Brieuc.

1865 (9 avril). Départ du régiment pour la garnison de Caen, où il est rejoint par le dépôt ; détachements au Havre, Beaulieu, Alençon.

1867 (8 septembre). Lebrun, soldat, sauve un enfant qui se noyait dans l'Orne, à Allemagne, près de Caen.

1868 (mars). Richy, sergent-fourrier, sauve une femme dans un incendie (Calvados).

(16 avril). Départ du régiment pour le camp de Châlons, commandé par le maréchal de Mac-Mahon. — Le 70e fait partie de la division de Polhès.

(12 juillet). Départ du régiment pour la garnison de Brest, avec le dépôt à Saint-Brieuc, détachements à Concarneau, Quélern, Pont-de-Buis, île de Bréhat, les Sept îles.

1869 (24 février). M. Henrion-Bertier, lieutenant-colonel au 87e, est nommé colonel au 70e, en remplacement de M. Eudes de Boistertre, promu au grade de général de brigade.

(24 décembre). M. Sautereau, chef de bataillon au 2e de ligne est nommé lieutenant-colonel au 70e, en remplacement de M. Caillot, nommé colonel du 54e.

CAMPAGNE CONTRE L'ALLEMAGNE

JUSQU'A LA CAPITULATION DE METZ

(18 Juillet. — 28 octobre 1870.)

1870. En vertu d'ordres reçus le 18 juillet, le 70e quitta Brest le 20 et arriva à Paris le lendemain. La portion principale fut logée au fort de Vincennes et une compagnie fut détachée à Clairvaux. L'arrivée de 900 hommes de la réserve porta l'effectif de la troupe aux bataillons de guerre à 2,215 présents.

Le régiment fut placé dans le 6e corps (maréchal Canrobert); 4e division (Levassor-Sorval); 2e brigade (de Chanaleilles). Ce corps d'armée devait se concentrer au camp de Châlons.

(11 août). Le 70e s'embarqua pour Metz à la gare de La Villette; à partir de Châlons, la marche des trains devint lente et incertaine, car le télégraphe avait signalé le passage de coureurs prussiens à Frouard et à Pont-à-Mousson.

(13 août). Le régiment arrivé à Metz à deux heures du matin, débarqua à la gare de Devant-les-Ponts, d'où il alla camper sur le plateau de Woippy; le lendemain le camp était transporté dans la plaine, au-dessous du Sansonnet.

(15 août). L'armée se met en retraite dans la di-

rection de Verdun. La marche du 6e corps s'effectue péniblement par Devant-les-Ponts, Plappeville, Lessy, Châtel-Saint-Germain et Rozerieulles.

Le régiment campe au nord et parallèlement à la route de Gravelotte à Rezonville; il est à la gauche de la 2e ligne du 6e corps, ayant à sa droite le 26e, et devant lui le 28e.

(16 août). **Bataille de Gravelotte.** — Dès le réveil, l'ordre est donné de se tenir prêt à marcher ou à combattre. A neuf heures et demie, au moment où le canon se fait entendre sur la droite, le régiment prend les armes et traverse la route en colonnes serrées, face au au Bois-des-Oignons. Vers onze heures, par suite de nouveaux ordres, le régiment repasse au nord de la route et vient se masser derrière Rezonville ; dans cette position il est exposé pour la première fois aux projectiles de l'artillerie ennemie.

Vers midi, le 70e se porte en première ligne, à quatre cents mètres en avant de Rezonville, pour y relever le 9e de ligne (division Bisson), les deux premiers bataillons à droite de la route et le troisième à gauche; le régiment se trouve alors sous le feu de plusieurs batteries ennemies; à deux heures et demie la violence de ce feu, auquel il est impossible de répondre à cause de la distance, oblige le 3e bataillon à se replier derrière la chaussée de la route.

Vers sept heures et demie du soir le régiment est attaqué par des forces considérables ; il les reçoit par un feu très-nourri et fait bonne contenance ; mais la supériorité numérique de l'ennemi et une charge de cavalerie qui parvient jusque sur la ligne, le force à se porter en arrière jusqu'à hauteur de Rezonville, ce qui entraîne du désordre. A la nuit tombée le combat cesse et l'on s'établit dans les campements désignés.

Les pertes dans cette journée ont été de 44 tués, dont 4 officiers, 201 blessés, dont 10 officiers, et 33 disparus. Les officiers tués étaient : le lieutenant Lambert, les sous-lieutenants David, Beringuier et André; blessés, le colonel Henrion Bertier, les capitaines Lamouroux et Frémiot, les lieutenants Wolf, Lecat, Sténus et Tassel, les sous-lieutenants Richard de Vesvrotte, Lelong et Villelongue.

(17 août). Le régiment quitte Rezonville à six heures du matin et s'arrête à Verneville à neuf heures. A 3 heures du soir il est dirigé sur Saint-Privat-la-Montagne, où il campe, sa droite appuyée au village et parallèlement à la route d'Amanvillers.

(18 août). **Bataille de Saint-Privat.** — Les cartouches consommées à Gravelotte n'avaient pu être remplacées. A midi, au moment où se produisit l'attaque prussienne, le 70e fut déployé en deuxième ligne à quelques centaines de mètres de son campement, le premier bataillon appuyant sa droite à la route Sainte-Marie-aux-Chênes. Vers quatre heures, comme le 25e de ligne se repliait et que le feu de notre artillerie se ralentissait, le commandant Berbegier donne l'ordre à un clairon de sonner la charge; celui-ci est tué; le commandant saisit alors lui-même un clairon, se porte en

avant et entraîne son bataillon qui ouvre un feu nourri sur les troupes prussiennes (infanterie et artillerie), dans la direction de Sainte-Marie-aux-Chênes; à ce moment le commandant Berbegier tombe mort, frappé de deux coups de feu. Le mouvement du premier bataillon a été suivi à gauche par le deuxième, qui s'avance jusqu'à une haie, d'où il ouvre son feu sur l'ennemi; son chef, le commandant Chambeau, est blessé très-grièvement. Le troisième bataillon entre en ligne à son tour, conduit par le commandant Mackintosch, qui est tué à ce moment.

Le régiment soutient cependant, sans être ébranlé, le feu meurtrier des colonnes prussiennes qui s'avancent, soutenues par une nombreuse artillerie. Mais vers cinq heures et demie les cartouches commencent à manquer, et notre artillerie a cessé de répondre au feu de l'ennemi; un mouvement de retraite se dessine sur toute la ligne et le 70e se replie en arrière de Saint-Privat. La retraite du 6e corps d'armée s'opère par Saulny, jusque sous les murs de Metz à Devant-les-Ponts.

A Saint-Privat, les pertes s'élevèrent à 59 tués, dont 6 officiers; 269 blessés, dont 12 officiers; et 159 disparus, dont M. Villalon, médecin-major de 2e classe.

Officiers tués : les commandant Berbegier et Mackintosch; les capitaines Tardy et Pouille; les lieutenants Garcin et Michel.

Officiers blessés : le commandant Chambeau; les capitaines Lemasson et Compin; les lieutenants Bouglé, Basquin, Bordeaux, Moreau et Sténus; les sous-lieutenants Cotillard, Vautour, Novion et Lieutard.

(19 août). **Blocus de Metz.** — Après la bataille de Saint-Privat, le 6e corps fut placé en aval de la Moselle et sur la rive gauche, position qu'il devait garder jusqu'à la reddition de Metz ; ses lignes s'étendaient en arrière de Woippy, de la Moselle au fort de Plappeville. Le 70e, placé d'abord à la garde du plateau de Woippy, fut porté ensuite plus en arrière, au Coupillon, en avant du Sansonnet.

Le 24 août on forma une compagnie d'éclaireurs, dont le commandement fut donné au capitaine Eyrier.

(26 août). — Le corps d'armée traverse la Moselle à l'île Chambière, et prend position en avant et à gauche du fort Saint-Julien. A six heures du soir l'ordre est donné de rentrer dans les campements primitifs. Les jours suivants on construit une ligne double de retranchements entre Lorry et Woippy.

(31 août - 1er septembre). **Bataille de Sainte-Barbe.** — Le corps d'armée se porte, comme le 26, en avant du fort de Saint-Julien ; le 70e est à la ferme de Châtillon, où il reste jusqu'au lendemain soir ; à cinq heures il reprend le chemin du Coupillon.

La compagnie d'éclaireurs a seule été engagée ; pertes : 1 homme blessé.

(9 septembre). Le régiment reste sous les armes, pendant une vive canonade, de huit à neuf heures du soir ; quelques obus tombent dans le camp, mais sans atteindre personne. A partir de ce jour, le régiment fournit tous les jours un bataillon de grand'garde et

deux compagnies de soutien, pour défendre les lignes de Woippy.

(29 septembre). **Prise de Ladonchamps. —** Le château de Ladonchamps et la ferme de Sainte-Agathe sont enlevés par les troupes de la première brigade et par les compagnies d'éclaireurs de la division ; les éclaireurs du 70e poussent jusqu'à Saint-Rémy et Bellevue. Les localités enlevées sont ensuite abandonnées.

1er-2 octobre. **Reprise de Ladonchamps et de Sainte-Agathe.** — Le 1er octobre, à 11 heures du soir, le château de Ladonchamps et la ferme de Sainte-Agathe furent repris par les compagnies d'éclaireurs de la division et le 25e de ligne, sous les ordres du général Gibon. Le lendemain matin, l'ennemi ayant fait un retour offensif, le 70e se porta sur ces deux points et contint l'ennemi dans ses positions de Saint-Rémy et de Bellevue. — Les pertes de la journée furent de 8 tués et 39 blessés, dont 4 officiers.

Furent blessés : les capitaines de Laberge, Violand et Eyrier, et le lieutenant Masson.

(7 octobre). **Combat de Ladonchamps. —** Pendant l'attaque exécutée par les troupes des 4e et 6e corps, avec l'appui des voltigeurs de la garde, le 70e resta sur le plateau de Woippy, tandis que la compagnie d'éclaireurs, sous les ordres du lieutenant Dauxion, occupait à gauche le bois de Woippy, d'où elle soutint l'attaque du général Gibon sur Sainte-Anne, puis la retraite. — A sept heures du soir le régiment se porte

au pas de course sur Ladonchamps, attaqué vivement par les Prussiens, et y resta jusqu'au lendemain à midi. — Pertes de la journée pour la compagnie d'éclaireurs seulement : six hommes blessés ; le sous-lieutenant Lang tué. — A partir de ce jour, outre la grand'garde habituelle, le 70e alterna avec les autres régiments de la division pour la garde de Ladonchamps, que l'artillerie prussienne couvrit nuit et jour de projectiles ; les batteries ennemies étaient établies en avant, à droite et à gauche de la position à défendre.

(28 octobre). Au moment de la capitulation le 70e comprenait un effectif d'environ 1,200 hommes de troupe, qui furent internés à Wesel et Magdebourg. Les officiers partagèrent le sort de leurs soldats et furent dirigés pour la plupart sur la Silésie.

Pertes pendant la campagne de Metz.

Officiers : tués, 11 ; blessés, 26 ; disparus, 1. Total : 38.

Troupe : tués, 101 ; blessés, 490 ; disparus, 191. Total : 782. Total général : 820.

70e DE MARCHE

DEPUIS SA FONDATION JUSQU'A SA FUSION AVEC LE 70e DE LIGNE

(12 septembre 1871).

1870. L'organisation du 70e de marche fut décidée par un décret de la délégation de Bordeaux, en date du 23 septembre 1870. La formation et le commandement de ce régiment furent confiés au lieutenant-colonel Feyfant.

(18 décembre). Les compagnies qui devaient concourir à cette formation provenaient des dépôts de l'Ouest et du Midi ; elles furent dirigées sur le camp de Saint-Sauveur, en Cotentin, en arrière des lignes de Carentan, et de là sur Cherbourg, où le conseil d'administration fut constitué le 18 décembre.

Le régiment entra dans la composition du XIXe corps d'armée, destiné d'abord à l'armée du Nord ; il fit partie de la 2e brigade de la 3e division.

1871. **Mouvement pendant la guerre contre l'Allemagne.** — Le désastre du Mans fit changer la destination du XIXe corps, qui dut aller renforcer la gauche de l'armée du général Chanzy.

(17 janvier). Le régiment, fort de 3,000 hommes, quitta Cherbourg par la voie ferrée et débarqua à

Argentan. Par prudence on le fit rétrograder jusqu'à Falaise, puis il dut se reporter dans les environs d'Argentan à Trun et à Bailleul.

(1er février). A la suspension d'armes, il fut cantonné autour de Falaise, et après l'armistice il gagna, par étapes, de nouveaux cantonnements près de Saumur (23 février).

(14 mars). De là, après la dissolution de l'armée de la Loire, le régiment fut mis en marche pour Lyon; le 27 mars, il était déjà parvenu à Montmarault, au delà de Montluçon, quand il fut appelé à Versailles pour combattre l'insurrection de la Commune.

Campagne contre la Commune. — Le 70e de marche, arrivé à Versailles le 31 mars, campa dans le bois de Porchefontaine, et fut placé dans la 2e division Pellé, 2e brigade Péchot.

(3 avril). Les insurgés ayant marché sur Versailles, le 70e prit les armes à midi, exécuta des reconnaissances sur la route de Bièvre, dans la vallée de Jouy et dans les bois environnants; puis il prit la route de Châtillon et se mit en ligne à hauteur du petit Bicêtre pour s'opposer à tout retour offensif des insurgés. — Les pertes dans cette journée furent de 7 blessés.

(4 avril). **Prise de la redoute de Châtillon.** — Le lendemain, la division Pellé marcha dès l'aube sur la redoute de Châtillon. Les insurgés, surpris près de Plessis-Piquet, cherchèrent un refuge dans leurs retranchements. Le 70e, en avançant, s'empara de plusieurs tranchées et de quelques masures; puis, après

avoir supporté pendant deux heures un feu très-vif d'artillerie, il s'élança à l'assaut de la redoute, qui fut enlevée, et poursuivit les insurgés jusqu'au delà de Châtillon et de Fontenay-aux-Roses. Il garda ensuite jusqu'au soir la redoute conquise et les tranchées voisines sous le feu devenu très-violent des forts d'Issy, de Vanves et de Montrouge.

Pertes de la journée. — Officiers : 3 blessés ; les capitaines Blais et Maïsse ; le lieutenant Furcher. — Troupe : une dizaine de tués ou morts des suites de leurs blessures, 36 blessés.

Le régiment avait fait 400 prisonniers et pris deux drapeaux, quatre canons, une mitrailleuse et quantité d'armes et munitions.

Organisation de l'armée de Versailles. — Par décret du 6 avril, l'armée de Versailles fut répartie en trois corps d'armée, sous le commandement en chef du maréchal de Mac-Mahon, avec une armée de réserve, sous les ordres du général Vinoy. La division sous les ordres du général Lacretelle, devint alors la 3e du 2e corps (général de Cissey).

Siége de Paris. — (11 avril). Au moment où le siége de la capitale fut entrepris, le régiment alla camper dans le parc du château de Plessis-Piquet, où fut installé le quartier général de la division.

(14-15 avril). Dans la nuit du 14 au 15 avril, le 70e était de grand'garde à Châtillon et dans les tranchées qui s'étendent de Fontenay-aux-Roses à Clamart; quatre attaques des insurgés furent énergiment repoussés ; on eut à souffrir des feux de l'artillerie. — Pertes : 1 tué, 15 blessés.

(21 avril). Formation d'une compagnie de francs tireurs, dont le commandement est confié au capitaine Santolini, et d'une compagnie auxiliaire du génie.

(22-23 avril). Garde de tranchée et des villages de Bagneux, Fontenay, Châtillon. — Pertes : 1 tué, 6 blessés.

(24-25 avril). Pendant la nuit, la compagnie de francs tireurs surprend un poste d'insurgés à Bourg-la-Reine, en tue neuf et rejette les autres sur les Hautes-Bruyères après une demi-heure de lutte.

(27 avril). Les francs tireurs enlèvent la barricade du Pont-Royal, entre Bourg-la-Reine et le petit Montrouge, et tuent presque tous les défenseurs. — La nuit suivante, la compagnie auxiliaire du génie exécute la batterie de Bagneux sous un feu des plus vifs.

(27-28 avril). Garde de tranchée aux mêmes emplacements que le 22.

(29 avril). Les francs tireurs repoussent une sortie de plusieurs compagnies d'insurgés.

(2 au 3 mai). Garde de tranchée dans les mêmes positions que le 27. Dans ces deux gardes les pertes s'élèvent à 3 tués et 4 blessés. La compagnie du génie, qui avait pris part le jour précédent à l'attaque de la gare de Clamart, y perdit 1 homme tué et 6 blessés.

(4 mai). A l'affaire du Moulin-Saquet, plusieurs francs tireurs (sous-officiers, caporaux et soldats) méritent par leur belle conduite une citation à l'ordre de l'armée.

(10-11 mai). Cette nuit, le régiment était de garde de tranchée dans les mêmes positions que le 2. Le 3e bataillon fit une tentative pour surprendre le fort de Vanves, mais il fut ramené par une vive fusillade et perdit deux officiers blessés, les sous-lieutenants Lavergne et Brochet. — Troupe: 1 tué, 6 blessés, 4 disparus.

(12 mai). Deux hommes blessés au couvent des Oiseaux.

(19-20 mai). De garde à Vanves et dans les tranchées du lycée et de la briqueterie. — Pertes : 7 tués, 10 blessés.

M. Saint-Martin, lieutenant-colonel, prend le commandement du régiment en remplacement de M. Feyfant, entré à l'hôpital.

Prise de Paris. — Le 70e quitta Plessis-Piquet et entra à Paris dans la nuit du 21 au 22 mai; il occupa successivement la place de Breteuil, l'hospice des Enfants malades et la maison des Jeunes aveugles; à ce dernier point il perdit 1 tué et 8 blessés. Les francs tireurs de la division, sous les ordres du capitaine Santolini, s'emparèrent du collége des jésuites à Vaugirard et enlevèrent plusieurs barricades dans les rues Groult, Croix-Nivert, Vaugirard, Lecourbe, Dombasle et Saint-Lambert.

(23 mai). Prise de la barricade élevée sur le boulevard Saint-Michel, à l'angle des rues Racine et de l'École-de-Médecine. — 4 tués, 8 blessés.

(24 mai). Le 70e s'avance jusqu'à la place Maubert

et à la halle aux vins et rejette les insurgés sur la rive droite. Le lendemain les francs tireurs contribuent à la prise de la gare de Lyon, où fut blessé le lieutenant Delmas ainsi que plusieurs hommes.

(27 mai). Le régiment occupe les fortifications depuis la porte d'Italie jusqu'à la Seine.

(30 mai). M. de Saint-Martin est nommé colonel et remet le commandement à M. Pereira, lieutenant-colonel au 39e de marche.

Après la prise de Paris, le 70e de marche resta à Paris jusqu'à sa fusion avec le 70e de ligne.

Pertes pendant la campagne contre la Commune.

Officiers : tués, blessés, 6.

Troupe : tués, 28; blessés, 101; disparus, 4.

Total : 139.

PÉRIODE DE PAIX

DEPUIS LA FUSION DU 70e DE MARCHE AVEC LE 70e DE LIGNE

(12 septembre 1871 — 1er avril 1875.)

Historique du dépôt du 70e (18 juillet 1870-12 septembre 1871). — Le dépôt du 70e de ligne était à Saint-Brieuc au début de la guerre. Le 16 août, départ du 4e bataillon pour Paris, où il entre dans la composition du 10e de marche devenu ensuite 110e de ligne. Du 29 août au 5 octobre, départ de trois compagnies destinées à la formation des 138e, 31e et 38e régiments de marche.

(7 octobre 1870). Départ du dépôt pour Lyon. Le 25 octobre, départ de quatre compagnies destinées au 49e de marche.

(7 décembre 1870). Départ du dépôt pour Marseille. Le 20 décembre, 200 hommes passent au régiment étranger. Du 1er janvier au 16 février 1871, départ de deux compagnies destinées aux 78e et 82e régiments de marche, et d'un détachement de 54 hommes pour le 92e de marche.

(11 mars 1871). Le dépôt est envoyé au camp des Alpines, avec une compagnie détachée à Avignon. Le 28 décembre, départ de cinq compagnies pour le 81e de marche.

(1er juin 1871). Départ du dépôt pour Saint-Germain-en-Laye. Du 6 juin au 15 juillet, le dépôt reçoit environ 1,000 hommes rentrant de captivité.

1871 (12 septembre). **Fusion du 70e de marche avec le 70e de ligne.** — La fusion du 70e de ligne avec le 70e de marche s'opère à Chatou (Seine-et-Oise), et le régiment tient garnison à Paris avec dépôt à Saint-Germain.

(12 septembre). M. Pereira, lieutenant-colonel du 39e de marche, détaché provisoirement au 70e de marche, passe titulairement au régiment.

(26 septembre). Départ du régiment de Paris pour le camp de Saint-Germain-en-Laye; détachement à Poissy (16 juin-16 août 1872).

1872 (10 janvier). M. Chandezon, lieutenant-colonel à la suite au 100e de ligne, passe au 70e dans les mêmes conditions.

(28 septembre). Départ du corps et de la division pour le camp de Meudon.

1873 (11 juillet). M. Chandezon, lieutenant-colonel à la suite au 70e, est nommé titulaire, en remplacement de M. Pereira, passé avec son grade au 1er régiment de tirailleurs algériens.

(29 septembre). Trois compagnies désignées par le sort concourent à la formation du 136e de ligne.

(15 octobre). Départ du 3e bataillon et du dépôt pour Saint-Brieuc.

(19 octobre). Les deux bataillons actifs quittent le camp de Meudon pour Paris (caserne Babylone, et bastions 77, 79 et 82 et École-Militaire).

1874 (18 avril). Départ du dépôt et du 3e bataillon pour Vitré, avec détachement provisoire à Rennes (21 août-18 juin).

(1er octobre). Départ des bataillons actifs pour les forts de Nogent et de Rosny (Paris).

(4 novembre). M. Henrion-Bertier, colonel du 70e, est promu au grade de général de brigade.

(15 novembre). M. Boulanger, lieutenant-colonel du 133e, est nommé colonel du 70e et conserve le commandement du 133e.

(29 décembre). M. d'Amedor de Mollans, lieutenant-colonel au 64e, est nommé colonel du 70e, en remplacement de M. Boulanger, qui n'a pas paru au corps et qui est maintenu au commandement du 133e.

LISTE DES COLONELS

QUI ONT COMMANDÉ LE 70e RÉGIMENT D'INFANTERIE

RÉGIMENT DE MÉDOC

19 février 1674. Marquis de Navailles, 1er colonel.
1679. Chevalier d'Hamilton, 2e colonel.
1685. Marquis de Jarzé, 3e colonel.
1691. De Montendre, 4e colonel.
1702. Comte de Chamillard, 5e colonel.
1705. Marquis de Villenes, 6e colonel.
1729. Duc d'Uzès, 7e colonel.
1739. Comte de Lannion, 8e colonel.
1745. Marquis de Bréhant, 9e colonel.
1749. Marquis de Mesmes, 10e colonel.
1762. Marquis de Chassincourt de Tilly, 11e colonel.
1773. Marquis de Mauray, 12e colonel.
1780. Comte d'Avaux, 13e colonel.
1788. Marquis de Roquefeuille, 14e colonel.
1791. Meunier, 15e colonel.

70e RÉGIMENT D'INFANTERIE DE LIGNE

1792. Serrurier, 16e colonel.

70e DEMI-BRIGADE DE BATAILLE

(Ancienne ou de première formation.)

1792. Serrurier, 16e colonel (déjà énoncé).
Autres colonels inconnus.

70e DEMI-BRIGADE

(Nouvelle ou de seconde formation.)

1796 à 1803. Colonels inconnus.

70e RÉGIMENT D'INFANTERIE DE LIGNE

(Formation de 1840.)

1840. Martin de Bourgon, 1er colonel.
1848 (15 juillet). Cocu dit Jolivet, 2e colonel.
1848 (31 août). Baron de Chargère, 3e colonel.
1853. Dufour, 4e colonel.
1858. Douay, 5e colonel.
1859. Eudes de Boistertre, 6e colonel.
1869. Henrion-Bertier, 7e colonel.
1875. Comte d'Amedor de Mollans, 8e colonel.

INSPECTEURS GÉNÉRAUX DU 70e DE LIGNE

1841. Comte Bailly de Monthyon.
1842. Voirol.
1843.
1844. Sébastiani.
1845. Despans-Cubières.
1846. Meslin.
1847. Baron Fabvier.
1848. Rambaud.
1849. Talandier.
1850. De Saint-Joseph.
1851.
1852. Herbillon.
1853. De Rostolan.
1854. De Mac-Mahon.
1855.
1856. Marulaz.
1857. Maissiat.
1858. Bisson.
1859. De la Motterouge.
1860. D'Aurelles de Paladines.
1861. De Wimpffen.
1862. Périgot.
1863. De Wimpffen.
1864. De Wimpffen.
1865. De Martimprey.
1866. Trochu.
1867. De Martimprey.
1868. De Polhès.
1869. Trochu.
1871-1874. Lacretelle.

70e RÉGIMENT D'INFANTERIE

PROMOTIONS DANS L'ORDRE DE LA LÉGION D'HONNEUR

Commandeurs.

1855 (28 décembre). Dufour, colonel.
1862 (26 août). Eudes de Boistertre, colonel.
1872 (22 mars). Henrion-Bertier, colonel.

Officiers.

1847 (2 avril). Morcrette, chef de bataillon.
1852 (20 septembre). Javel, lieutenant-colonel.
1858 (2 août). Vallet, commandant.
1859 (juin). Douay, colonel; de Philip, commandant.
1860 (13 septembre). Endrès, major.
1863 (12 avril). De Brossard, commandant.
1864 (18 mars). Mousseron, commandant.
1868 (27 juin). Arondel, médecin-major.
1869 (11 août). Laur, major.
1870. Chambry, commandant; Hardeman, Frémiot, capitaines.
Siége de Paris. — Feyfant, lieutenant-colonel; Santolini, capitaine.
1872 (20 novembre). Chambeau, commandant; Fistié, id.

Chevaliers.

1841 (28 avril). Javel, capitaine.
(septembre). Gr[illegible]ier, Suderic, capitaines; Vernis, serge[illegible].

1844 (29 septembre). Zilhart, capitaine.

1845 (17 avril). Roynier, Terrier, capitaines.
(8 octobre). Brun, d'Hennezel, d'Argy, Perès, capitaines.

1847 (2 août). Esquilard, capitaine.
(21 août). De Moustier, capitaine.

1848 (24 octobre). Sémon, Labrue, Regard, capitaines.

1849 (30 avril). Lavisse, capitaine.

1852 (10 mai). Richalley, Guyon de Bellevue, capitaines; Espaignac, lieutenant.
(20 septembre). Rémy, Viville, capitaines.

1856 (12 juin). Jogand, capitaine.
(23 septembre). Lods, capitaine; Laurent, sergent.

1857 (13 août). Maréchal, capitaine; Achard, sous-lieutenant.
(30 décembre). Merlieux, Vidal, capitaines.

1859 (juin). Roch, Durand, capitaines; Antoine, lieutenant; de Brye, lieutenant d'état-major; Maitrier, sergent-fourrier; Thévenon, Bomart, sergents.
(8 au 13 juillet). Divers, neuf croix.

1860 (15 août). Damas, lieutenant.
(13 septembre). Clair, capitaine; Malaisé, sergent-major.

1861 (12 août). Sarrus, capitaine.
(27 décembre). Devert, capitaine.
1862 (12 août). Dubachy, capitaine.
(26 août). Philippe, capitaine.
(30 décembre). Baudry, lieutenant.
1863 (12 avril). Robinet, Petyst de Morcourt, capitaines.
(13 août). Lamouroux, capitaine.
(30 décembre). Bliard, commandant.
1864 (18 mars). Frémiot, lieutenant; Barbet, chef de musique.
(7 août). Michel, capitaine.
(26 décembre). Perriquet, capitaine.
1865 (14 mars). Jozin, de Thomassin de Montbel, capitaines.
(29 décembre). Marcout, capitaine.
1866 (12 août). Guerre, lieutenant.
(22 décembre). Du Parc, capitaine.
1867 (28 décembre). Hardeman, capitaine.
1868 (27 juin). De Guillin d'Avenas, Marchais de Laberge, capitaines.
(28 décembre). Pierre, capitaine.
1869 (11 août). Davilié, capitaine.
(24 décembre). Ungerbyhler, lieutenant.
1870. Eyrier, Poirot, Pozzo di Borgo, Wolf, capitaines; Rémy, Sténus, Dauxion, Lecat, Tassel, Cotillard, lieutenants; Villelongue, sous-lieutenant; Valdin, sergent.
1871. Pelissier, commandant; Haÿs, Fournier, Blais,

Dumouchel, capitaines; Dufau, lieutenant; Gaalon, sous-lieutenant; Aubonnet, sergent; Maïsse, Brételle, capitaines.

1872 (22 mars). Compin, capitaine; Malet, sous-lieutenant.

(20 novembre). Bavilley, capitaine.

1873 (22 mai). Noguès, sous-lieutenant.

1874 (21 avril). Titière, capitaine.

(24 août). Daunassans, capitaine.

1875 (3 février). Fine, lieutenant.

Médaille militaire.

1852 (10 mai). Paillard, Malaisé, sergents-majors; Rubenthaler, Chapel, Darcagne, sergents; Adam, Bernard, caporaux; Gelot, Gendron, grenadiers; Venture, voltigeur.

(20 septembre). Destremp, sergent-major; Schaller, chef de musique; Mancip, sergent-fourrier; Delmas, caporal.

1855 (28 décemb.). Pécout, grenadier; Miner, sapeur.

1856 (12 juin). Fusch, sergent; Barragué, caporal.

(23 septembre). Schillinger, caporal.

1857 (13 août). Labourié, sergent; Dautriche, Ungerbyhler, sergents-fourriers; Baret, caporal; Nopp, Fergus, grenadiers.

(30 décembre). Demange, sergent; Chave, grenadier.

1858 (2 août). Rivalier, Gauvin, sergents.

1859 (juin). Mazon, grenadier; Boisserenc, caporal;

Droulin, sergent-major; Dubard, sergent; Volfersheim, sapeur; Laplanche, Crozé, Guérin, sergents; Guayraud, caporal; Tezier, grenadier; Briard, sergent; Girard, sergent-major; Lanèque, sergent; Meiss, soldat; Laval, grenadier; Boulet, sergent.

(8 au 13 juillet). Divers, 18 médailles.

1860 (15 août). Merceret, Bailly, sergents.

(13 septembre). Daniel, sergent; Joani, Ranger, Domecq, fusiliers.

1861 (12 août). Géniaux, sergent.

(27 décembre). Deruyser, Siat, grenadiers; Évanno, fusilier.

1862 (12 mars). Clément, grenadier.

(12 août). Poncet, sergent; Igualda, voltigeur.

(26 août). Lervat, sergent; Beaulieu, caporal.

(30 décembre). Van Ryssel, voltigeur; Stéger, grenadier.

1863 (28 avril). Blanc, Boulet, sergents; Canut, grenadier; Tugend, musicien.

(13 août). Landgraf, musicien; Blanc, caporal.

(30 décembre). Rosier, Marchal, voltigeurs.

1864 (18 mars). Baum, sous-chef de musique; Praquin, Rousset, sergents; Suère, caporal.

(7 août). Chagnot, voltigeur.

(26 décembre). Emanuelli, sapeur; Viénot, musicien.

1865 (14 mars). Margueritte, sergent; Mouret, sergent-major; Albrand, Vuidard, sergents; Brondel, voltigeur.

(13 août). Kalanquin, caporal.

(29 décembre). L'Espinasse, sergent; Van Mierlo, sapeur.

1866 (12 mars). Landry, musicien.

(12 août). Escaig, sergent; Foëls, grenadier.

(22 décembre). Grenier, caporal.

1867 (28 décembre). Pauli, grenadier; Berthon, voltigeur.

1868 (11 mars). Diot, Guignard, sergents; Montel, musicien; Rochereau, sergent.

(28 décembre). Barier, sergent; Poiroux, sapeur.

1869 (13 mars). Delanoë, sapeur.

(11 août). Porcheur, Velten, soldats.

(24 décembre). Casson, sergent-major; Meyer, musicien.

1870 (12 mars). Lacombe, chef armurier.

Siége de Paris. Frère, adjudant; Ciavaldini, sergent-major; Renault, Vandeville, sergents; Seyer, Chevalier, Pluvinage, Charles, Foulon, Galepeau, Gros, Foulon, soldats; Cazelles, Bazard, sergents-majors; Jourde, Kling, Bloquet, sergents; Rey, Darras, Mouroz, caporaux; Lair, Delpech, Rosset, Casterot, Couturier, Meunier, Tournier, soldats; Mathis, adjudant; Nolleau, sergent-major; Cebron, Laborie, Perrier, Ducher, Augeronne, Garnier, Martin, Loy, soldats.

1872 (22 mars). Lanterne, caporal-clairon; Legoff, Thomas, Potage, soldats.

(20 novembre). Boulet, Coupon, Quesnel, soldats.

(31 décembre). Lozach, sergent.
1873 (22 mai). Morin, sergent.
1874 (21 avril). Jardon, soldat.
(21 août). Goumy, soldat.

Décoration de Savoie

Campagne d'Italie 1859.

MM. Eudes de Boistertre, colonel, officier de l'ordre Militaire de Savoie.
Maréchal, capitaine, id.
Fleury, médecin-major, id.

Ordre des saints Maurice et Lazare

Chevaliers.

MM. Jogand, capitaine.
Delaître, id.

Médaille de la Valeur militaire.

1860 (2 avril). Dubois, Robinet, Petyst de Morcourt, Gillet, capitaines; Cayla, Frémiot, Hardeman, de Guillin d'Avenas, lieutenants: Legros, Basquin, Lecat, adjudants; Baum, sous-chef de musique; Herry, Gonin, Rouillot, Rumigny, Will, Voillaume, Darron, sergents-majors; Thévenon, sergent; Stoumph, sergent-fourrier; Hinault, Boulet, Praquin, sergents; Duchemin, tambour-major; Binet,

Coquille, Malaisé, Paillard, Bourgoin, Sténus, Ungerbyhler, Michel, Baderot, Furstemberger, Girard, sergents-majors; Landgraf, musicien; Will, Révolier, Foulon, Michaud, sergents; Poinsot, sergent-fourrier; Poncet, Dubard, Valentini, Vuidard, Feilhes, Toussaint, Chambon, Brack, Géniaux, sergents; Bourgeois, sergent-fourrier; Gauvin, Delattre, sergents.

(6 décembre). Beures, caporal; Lemercier, Audrain, Franqueville, Jouani, Heng, Caizac, Vignaux, Chapoton, Gueranger, fusiliers.

TABLE ALPHABÉTIQUE

DES MILITAIRES CITÉS DANS L'HISTORIQUE DU 70e

FIN

331 — Paris. Imprimerie A. Dutemple, rue des Canettes, 7.

TABLE DES MATIÈRES

www.ingramcontent.com/pod-product-compliance
Lightning Source LLC
LaVergne TN
LVHW022028080426
835513LV00009B/912

* 9 7 8 2 0 1 3 5 0 5 4 3 7 *